BEI GRIN MACHT SICH IHR WISSEN BEZAHLT

- Wir veröffentlichen Ihre Hausarbeit,
  Bachelor- und Masterarbeit

- Ihr eigenes eBook und Buch -
  weltweit in allen wichtigen Shops

- Verdienen Sie an jedem Verkauf

Jetzt bei www.GRIN.com hochladen und kostenlos publizieren

Grundlagen, Lösungsansätze und Technologien von Big Data

Big Data und Smart Services

Bibliografische Information der Deutschen Nationalbibliothek:

Die Deutsche Nationalbibliothek verzeichnet diese Publikation in der Deutschen Nationalbibliografie; detaillierte bibliografische Daten sind im Internet über http://dnb.d-nb.de abrufbar.

ISBN: 9783346900869
Dieses Buch ist auch als E-Book erhältlich.

© GRIN Publishing GmbH
Trappentreustraße 1
80339 München

Druck und Bindung: Books on Demand GmbH, Norderstedt Germany
Gedruckt auf säurefreiem Papier aus verantwortungsvollen Quellen

Das vorliegende Werk wurde sorgfältig erarbeitet. Dennoch übernehmen Autoren und Verlag für die Richtigkeit von Angaben, Hinweisen, Links und Ratschlägen sowie eventuelle Druckfehler keine Haftung.

Das Buch bei GRIN: https://www.grin.com/document/1369081

Fallstudie

Themenkatalog 2023

Alternative A

Prüfungsleistung in dem Modul

Big Data & Smart Services

vorgelegt der SRH Fernhochschule Riedlingen (E-Campus)

Grundlagen, Lösungsansätze und Technologien von Big Data

Studiengang: Online-Marketing B.A.

abgegeben am: 30.05.2023

Inhaltsverzeichnis

Abkürzungsverzeichnis

API	Application Programming Interfaces (Programmierschnittstelle)
ASCII	American Standard Code for Information Interchange
BI	Business Intelligence
bspw.	beispielsweise
bzgl.	bezüglich
bzw.	beziehungsweise
CPU	Central Processing Unit (Hauptprozessor)
dt.	deutsch
GPU	Graphic Processing Unit (Grafikprozessor)
HTML	Hypertext Markup Language (Hypertext-Auszeichnungssprache)
XML	Extensible Markup Language
IT	Information Technology (Informationstechnik)
JSON	JavaScript Object Notation
NO-SQL	Not Only Structured Query Language (nicht-relationale Datenbanktypen)
PDF	Portable Document Format
sog.	sogenannt
SQL	Structured Query Language (relationale Datenbanktypen)
z.B.	zum Beispiel

Abbildungsverzeichnis

1 Einleitung

Die kontinuierliche und signifikante Zunahme von Daten in Kombination mit der verbesserten Verfügbarkeit von leistungsstarker Recheninfrastruktur führt zu verstärken Aktivitäten im Bereich Big Data. Moderne Datentechniken und -werkzeuge ermöglichen es, große Datenmengen zu sammeln, speichern, analysieren, verarbeiten und visualisieren. Dadurch entstehen datengetriebene Innovationen im persönlichen Leben, der Industrie sowie in der Gesellschaft. Speziell für Unternehmen stellt die Einführung von Big Data und der Umgang damit eine zwiespältige Angelegenheit dar. Zum einen müssen sie die Organisation der Technologien beherrschen, um nützliche Erkenntnisse zu gewinnen hinsichtlich der Verwertung der gesammelten Daten. Zum anderen müssen sie in der Lage sein, die gewonnenen Erkenntnisse zu nutzen, um den digitalen Wandel mit neuen Anwendungen und Prozessen gewinnbringend voranzutreiben.[1]

Doch was genau versteht man unter Big Data und wie unterscheidet es sich von der klassischen Datenhaltung? Die schnell ansteigende Menge an Daten, die bspw. durch die Nutzung von mobilen Endgeräten erzeugt und übermittelt wird, wächst rasant. Experten rechnen damit, dass sich die Menge an Daten zukünftig alle zwei Jahre mindestens verdoppeln wird.[2] Die Größe der weltweit kumulierten Daten wird in Zettabytes gemessen. Ein Zettabyte ist eine Milliarde Terabytes oder 1000 Milliarden Gigabytes. Laut Statista beläuft sich die weltweit jährlich erzeugte Datenmenge im Jahr 2025 auf ca. 181 Zettabyte. Die im Jahr 2012 generierten Daten betragen im Vergleich dazu 6,5 Zettabyte.[3] Diese Vielfalt an Daten, die lange Zeit aufgrund technischer und menschlicher Gegebenheiten nicht verarbeitet werden konnte, gewinnt zunehmend an Bedeutung für Unternehmen in allen Bereichen.[4]

Eine einheitliche Definition von Big Data ist in der Fachliteratur nicht vorhanden. Ardian Merv beschreibt im Jahr 2011 „Big Data als Daten, die in ihrer Größe klassische Datenhaltung, Verarbeitung und Analyse auf konventioneller Hardware übersteigen."[5] Des Weiteren bezeichnet Big Data „die Analyse großer Datenmengen aus vielfältigen Quellen in hoher Geschwindigkeit mit dem Ziel, wirtschaftlichen Nutzen zu erzeugen."[6] Im Vergleich zu klassischen Daten ist Big Data weitaus heterogener. Darin enthalten sind externe Daten, die für analytische Aufgaben mit einbezogen werden. Das Ziel besteht primär darin, neue Erkenntnisse und Einsichten, durch die Verarbeitung und Analyse von großen Datenmengen zu erlangen. Muster und Zusammenhänge können aufgezeigt

---

[1] Vgl. Curry et al. (2022), S. 1–2.
[2] Vgl. Lix/Stüben (2013), S. 7.
[3] Vgl. Statista (2023).
[4] Vgl. Lix/Stüben (2013), 6+8.
[5] Fasel/Meier (2016), S. 5.
[6] BITKOM (2012), S. 7.

werden, die bisher noch unberücksichtigt geblieben sind.[7] Die Vorteile für Unternehmen, die aktiv den Einsatz von Big Data in ihren Prozessen fördern, sind vielversprechend. Es lassen sich damit Angebote besser personalisieren, Geschäftsprozesse effizienter gestalten, Verhaltensmuster und Trends der Zielgruppe in Echtzeit erkennen sowie Risiken bei der Entscheidungsfindung minimieren.[8]

Die vorliegende Arbeit hat das Ziel, den Lesenden ein Verständnis für die Grundlagen von Big Data zu vermitteln und mögliche Lösungsansätze aufzuzeigen. Dabei liegt der Schwerpunkt auf den Herausforderungen im Umgang damit sowie den dazugehörigen Anforderungen und Technologien.

Im ersten Kapitel der Ausführungen werden die grundsätzlichen Herausforderungen erläutert. Es werden im Anschluss die wesentlichen nicht-funktionalen Anforderungen an eine Big Data Architektur beleuchtet, die eine effektive Datenverarbeitung gewährleisten sollen. Anschließend wird das CAP-Theorem vorgestellt, welches bei der Gestaltung von Big Data Architekturen eine wichtige Rolle spielt. Konkrete Beispiele verdeutlichen den Lesenden, inwiefern das CAP-Theorem in der Praxis Anwendung findet.

Fünf Lösungsansätze zum Umgang mit Big Data werden im Anschluss dargelegt. Hierbei werden unterschiedliche Möglichkeiten zur Datenverarbeitung und Analyse aufgezeigt, welche den Einsatz von Big Data in Unternehmen möglichst einfach und effizient gestalten.

Diesbezüglich werden im letzten Kapitel verschiedene Technologien vorgestellt, die in der Regel Anwendung finden. Zusätzlich werden die wesentlichen Schritte einer Datapipeline erläutert, um ein besseres Verständnis für die Datenverarbeitung und -analyse im Kontext von Big Data zu schaffen.

Die Lesenden sollen durch diese Arbeit mit einer soliden Grundlage ausgestattet werden, die dazu befähigt, Herausforderungen zu verstehen sowie Potenziale und Technologien zu kennen. Dadurch wird die Fähigkeit verbessert, Big Data effektiv zu handhaben und Nutzen daraus zu ziehen.

---

[7] Vgl. Fasel/Meier (2016), S. 5.
[8] Vgl. Lix/Stüben (2013), S. 19–20.

2 Grundlagen

In diesem Teil der Arbeit werden die Grundlagen, die Big Data umfassen, dargelegt. Hierzu dienen die charakteristischen Merkmale (5Vs), um im Anschluss die damit verbundenen Herausforderungen in der Praxis für Unternehmen aufzuzeigen.

Grundsätzlich werden in der Literatur die drei Begriffe **V**olume, **V**ariety und **V**elocity verwendet, welche die charakteristischen Merkmale von Big Data zusammenfassen. Die International Business Machines Corporation (IBM) ergänzt diese 3 Vs um ein weiteres Merkmal (**V**eracity), die Richtigkeit bzw. Wahrhaftigkeit der Daten. Das genannte Ziel von Big Data - wirtschaftlichen Nutzen zu erzeugen - ergänzt die Beschreibung mit einem weiteren V – **V**alue.[9] Diese 5Vs sind nicht nur Merkmale von Big Data, sondern bezeichnen auch häufig die wesentlichen Herausforderungen im Umgang damit.[10]

Volume

Das Volume (dt. Volumen) bezieht sich auf die erhebliche Menge an Daten, die kontinuierlich produziert und gespeichert wird. Durch das exponentielle Wachstum der Datenquellen, welches bereits gegenwärtig zu konstatieren und auch zukünftig zu erwarten ist, wird die Menge sukzessiv steigen. Dadurch werden stets neue Ansätze und Technologien benötigt, um die anfallenden Daten effizient zu verarbeiten.[11]

Variety

Die zunehmende Vielfalt an Datenarten und -strukturen entsteht parallel zur Zunahme an Datenquellen. So sorgen bspw. Smartphones, soziale Medien, Transaktionen sowie Sensoren für den kontinuierlichen Anstieg von unterschiedlichen Daten. Grob lassen sich diese anhand ihrer Struktur in drei Kategorien einteilen.[12]

---

[9] Vgl. Holland (2021), S. 198.
[10] *Rahm* et al. (2015), S. 14.
[11] Vgl. Gutta (2020).
[12] Vgl. Holland (2021), S. 200.

Strukturierte Daten:

Diese Daten können effizient verwaltet und einfach abgerufen werden. Sie besitzen eine einheitliche Struktur, welche durch ein vordefiniertes Datenbankmodell festgelegt ist. Ein typisches Beispiel für diese Art von Daten sind Kontoauszüge mit Datum, Uhrzeit und Betrag sowie die sog. SQL-Datenbanken.[13]

Semistrukturierte Daten:

Diese Daten besitzen im Gegensatz zu den Strukturierten kein einheitliches Schema. Es handelt sich hierbei um tiefe, unregelmäßige und volatile Strukturen, die dadurch flexibel einsetzbar sind. Dies verursacht einen höheren Aufwand bei der Verarbeitung der Daten. Beispiele für semistrukturierte Daten sind HTML-, XML- oder JSON-Dateien sowie E-Mails, die bestimmte Strukturen aufweisen.[14]

Unstrukturierte Daten:

Unstrukturierte Daten wie bspw. Texte, Bilder, Videos und Töne besitzen keine formale Struktur. Dadurch wird die automatische Verarbeitung erschwert. Die Modellierung dieser Daten, um Strukturen zu erlangen, die automatisch verarbeitet werden können, führt häufig zu einem Verlust von Informationen.[15] Laut BITKOM sind rund 85 % aller weltweiten Daten unstrukturiert, welche jedoch wertvolle Informationen beinhalten.[16]

Velocity

Velocity beschreibt die Geschwindigkeit, mit der die Daten gesammelt und verarbeitet werden. Der Begriff im Kontext Big Data verlangt eine Echtzeitanalyse und -auswertung der eingehenden Datenströme.[17] So existieren bspw. im Gesundheitswesen unterschiedliche medizinische Geräte, die Patienten überwachen und dabei Daten sammeln. Es gilt, diese Daten schnell an ihr Ziel zu senden und anschließend zu analysieren, um möglichen Anomalien rechtzeitig entgegenzuwirken.[18]

---

[13] Vgl. Holland (2021), S. 200.
[14] Vgl. Holland (2021), S. 200.
[15] Vgl. Holland (2021), S. 200–201.
[16] Vgl. BITKOM (2012), S. 12.
[17] Vgl. Holland (2021), S. 201.
[18] Vgl. Data Management (2023).

Veracity

Big Data benötigt spezielle Algorithmen. Diese gewährleisten die Qualität der Evaluierungsergebnisse und ermöglichen somit eine Einschätzung der Aussagekraft der erhobenen und untersuchten Daten. Viele der gesammelten Daten sind missverständlich oder ungenau und benötigen deshalb eine sorgfältige Überprüfung. Umfangreiche Datenbestände führen deshalb nicht zwangsläufig zu einer besseren Auswertungsqualität. Veracity drückt aus, dass bei der Auswertung von Datenbeständen die Berücksichtigung unterschiedlicher Datenqualitäten erforderlich ist.[19]

Value

Eine Fülle an Daten kann wertlos sein, es sei denn, man gewinnt daraus Erkenntnisse. Der Begriff Value (dt. Wert) beschreibt den Nutzen bzw. Mehrwert, den Unternehmen durch den Einsatz von Big Data erzielen können. Sie müssen in der Lage sein, mit den richtigen Tools und Technologien Daten zu sammeln, speichern und zu interpretieren, um den Wert daraus zu ziehen.[20]

2.1 Herausforderungen für Unternehmen im Umgang mit Big Data

In der Praxis bringt die Digitalisierung und das damit verbundene Thema Big Data einige Herausforderungen und Hürden mit sich. In vielen Unternehmen herrscht oft Unklarheit über den ökologischen Nutzen einer datengetriebenen Initiative sowie den rechtlich sicheren Umgang mit externen Daten. Neben dem Problem, qualifizierte Mitarbeiter zu finden, die sich dieser Herausforderung annehmen, fehlt häufig ein grundlegendes Verständnis, auf dessen Grundlage ein Unternehmen sich dem Thema Big Data konstruktiv annähert. Separate und unkoordinierte Initiativen, wie bspw. die Einbindung von Daten in die Produktentwicklung werden ohne eine fundierte Strategie und ohne die ganzheitliche Betrachtung durchgeführt. Jedoch benötigt der erfolgreiche Umgang mit Big Data eine vollumfängliche Strategieentwicklung, die verschiedene Dimensionen berücksichtigt.[21]

Innovative Big Data Strategien ermöglichen es Unternehmen, bei der enormen Menge und Vielfalt an Daten, die sich ständig ändern, im sog. Datendschungel nicht zu versinken. Solche Strategien können auch ein zu spätes Reagieren auf relevante

---

[19] Vgl. Fasel/Meier (2016), S. 6.
[20] Vgl. Gundín (2023).
[21] Vgl. Hecker et al. (2016), S. 21.

Marktveränderungen verhindern. Sie bilden das Fundament, auf dem Veränderungen frühzeitig erkannt werden können, was Wettbewerbsvorteile mit sich bringt. Bisherige Verfahren und Prozesse im Umgang mit Daten stoßen oft aufgrund der Menge an ihre Grenzen und sind ineffizient. Lange Auswertungszeiten führen zu einem Wertverlust bei der Entscheidungsvorbereitung. Eine Umfrage unter mehr als 500 Managern und IT-Entscheidungsträgern aus 17 Ländern ergibt, dass der Großteil der Befragten von der Menge an Daten im eigenen Betrieb überwältigt ist. Anstehende Entscheidungen können auf der Grundlage von Big Data nur selten getroffen werden, obwohl die dafür benötigten Daten bereits im Unternehmen vorhanden sind.[22]

Die Themen Informationssicherheit und Datenschutz stellen Unternehmen vor Beginn der Umsetzung von Big Data bereits vor neue Herausforderungen. Notwendig ist der Aufbau einer sog. Data Governance, die Richtlinien, Prozesse und Verantwortlichkeiten im Umgang mit Daten klar festlegt und definiert.[23]

Neben den benötigten Hard- und Software-Infrastrukturen, die mit hohen Investitionen verbunden sind, muss ein Unternehmen „vor allem Transparenz im Datenbestand, in den Datenquellen und in der Datenvielfalt" herstellen, „um Daten überhaupt effektiv zu managen, validieren und analysieren zu können." Nur wer weiß, welche Informationen in welcher Form vorhanden sind, kann von Big Data langfristig profitieren.[24]

Weitere signifikante Herausforderungen für Unternehmen sind steigende Betriebskosten (Total Cost of Ownership), Datenverluste sowie Betrugs- und Manipulations-Prävention. Durch das ständig wachsende Volumen wird es zunehmend schwieriger, Transparenz über alle Daten hinweg zu ermöglichen, problemadäquate Interpretationen sicherzustellen sowie für die Aktualität der Daten zu sorgen. Zudem erschweren das hohe Datenvolumen und die zunehmend volatilen Märkte die schnelle und akkurate Datenanalyse für Management-Entscheidungen. Unternehmen, die sich diesen Herausforderungen bewusst sind, können daraus Strategien und Lösungsansätze ableiten. Es lassen sich dadurch die Chancen mit Big Data nutzen und Geschäftsoptimierungen umsetzen.[25]

Abschließend ist anzumerken, dass der Erfolg von Unternehmen im Umgang mit Big Data abhängig von dem Vertrauen der Kunden ist. Die Absichten von Big Data müssen einen kundenorientierten Ansatz beinhalten, denn ohne deren Vertrauen scheitern auch die besten Analytiker. Nur wenn Kunden bereit sind, ihre Daten freiwillig zu teilen, können Wettbewerbsvorteile langfristig erzielt werden. Unternehmen müssen dazu das

---

[22] Vgl. BITKOM (2012), S. 15.
[23] Vgl. BITKOM (2012), S. 16.
[24] Vgl. BITKOM (2012), S. 16.
[25] Vgl. BITKOM (2012), S. 17.

Vertrauen aufbauen, indem sie aufzeigen, welche Vorteile sich daraus ergeben. Dadurch können die für die intelligente Analyse benötigten Daten gesammelt und zielführend ausgewertet werden.[26]

2.2 Nicht-funktionale Anforderungen an eine Big Data Architektur

Neben den funktionalen Anforderungen, die beschreiben welche Funktionen, Aufgaben oder Dienste ein System erfüllen muss, beschreiben nicht-funktionale Anforderungen Eigenschaften und Qualitätsmerkmale, die es besitzen soll. Sie legen fest, wie bestimmte Funktionen sich ausführen, erfüllen oder verhalten. Beide Arten der Anforderungen sind bei der Konzeption wichtig, um ein System zu entwickeln, das sowohl die vorgegebenen Funktionen als auch die notwendigen Qualitätsstandards erfüllt.[27] In diesem Kapitel werden die wichtigsten nicht-funktionalen Anforderungen wie Leistungsfähigkeit, Lastverhalten, Verfügbarkeit, Integrität, Skalierbarkeit, Kapselung, Konsistenz, Ausfalltoleranz bzw. Ausfallsicherheit näher erläutert. Die folgenden Beschreibungen sind in Anlehnung an Grasl (2022) S.13-14 erstellt.

Leistungsfähigkeit

Die Leistungsfähigkeit eines Systems wird anhand von Durchsatz und Antwortzeit bewertet. Der Durchsatz misst die Anzahl an Transaktionen, die in einer bestimmten Zeit verarbeitet werden können. Eine hohe Durchsatzrate ist entscheidend, um große Mengen an Daten effizient und zeitnah zu verarbeiten. Die Antwortzeit beschreibt den Zeitraum, der vergeht, zwischen dem Absenden einer Anfrage und dem Erhalt einer Antwort von dem System. Besonders bei Echtzeitanalysen ist eine schnelle Antwortzeit notwendig. Die minimale Zeit, die ein System benötigt, um auf eine Anfrage zu reagieren, bezeichnet man als Latenz. Ziel ist es, diese möglichst gering zu halten.

Lastverhalten

Das Lastverhalten eines Systems beschreibt das Volumen an Daten, welches bearbeitet bzw. gespeichert werden kann sowie die Anzahl an Transaktionen, die sich parallel verarbeiten lassen. Eine Big Data Architektur soll große Datenmengen und mehrere Transaktionen gleichzeitig verarbeiten können, um bspw. die Anforderungen eines Unternehmens zu erfüllen. Zusätzlich soll es bei steigender Last (mit)skalieren. Dies

---

[26] Vgl. Hennig-Thurau (2013).
[27] Vgl. *Klessascheck* (2023).

bedeutet, dass ein System flexibel genug sein muss, um sich den wachsenden Anforderungen anzupassen. Dadurch kann es bei steigender Last die Leistung aufrechterhalten und weiterhin effizient arbeiten.

Verfügbarkeit

Die Verfügbarkeit beschreibt den Anteil der Zeit, in der das System für die Nutzer zugänglich und funktionsfähig ist. Diese Anforderung beschreibt somit die kontinuierliche Erreichbarkeit des Systems ohne die Ausfallzeiten und Unterbrechungen. Durch geringe Latenzen sowie eine hohe Ausfallsicherheit kann die Verfügbarkeit maximiert werden.

Integrität

Die Integrität bezeichnet die Gewährleistung einer fehlerfreien und korrekten Speicherung von Daten und Transaktionen. Dies bedeutet, dass ein System die Daten genau, vollständig und unverändert speichern muss. Zusätzlich beschreibt die nicht-funktionale Anforderung den Schutz von Daten vor bestimmten Risiken, wie Zerstörung, Verlust, Missbrauch und unbefugtem Zugriff.

Skalierbarkeit

Die Skalierbarkeit bezeichnet das Ausmaß, in dem ein System die Leistung steigern kann, wenn es um zusätzliche Ressourcen wie CPUs, Speicher und parallele Maschinen erweitert wird. Es soll in der Lage sein, diese effizient zu nutzen, um die Leistung zu verbessern und die erhöhten Anforderungen zu bewältigen.

Kapselung

Die Kapselung bezeichnet die Entkopplung der physischen Speicherung und der logischen Darstellung von Daten für Benutzer. Dies sorgt für Transparenz und Flexibilität. Es lassen sich dadurch Änderungen und Optimierungen im Hintergrund durchführen, ohne dabei Nutzer zu beeinträchtigen.

Konsistenz

Die Konsistenz ist ein Gradmesser dafür, dass die Daten im System jederzeit korrekt und zuverlässig sind. Die Datenkonsistenz in einem verteilten System stellt somit die Widerspruchsfreiheit dar und ist in einer Big Data Architektur essenziell.

Ausfallsicherheit und Ausfalltoleranz

Die Anforderung Ausfallsicherheit bezieht sich auf die Sicherheit des Systems. Es soll durch Fehler oder technische Defekte nicht ausfallen oder beeinträchtigt werden. Eine Big Data Architektur, die eine große Menge an Daten verarbeitet, muss robust und widerstandfähig konzipiert sein. Die Ausfalltoleranz bezieht sich auf ein verteiltes System, das weiterhin funktioniert, wenn ein Knoten ausfällt. Es ist jedoch wichtig, dass ein System einen Ausfall erkennt und den Betrieb weiterhin über andere Knoten aufrechterhält.

2.3 Das CAP Theorem

Das CAP Theorem ist ein Konzept, das besagt, dass es nicht möglich ist, ein verteiltes System konsistent (**C**onsistency), verfügbar (**A**vailability) und ausfalltolerant (**P**artiton Tolerance) zu gestalten. Es können nur maximal zwei der drei genannten Eigenschaften parallel erfüllt werden.[28] Unter einem verteilten System versteht man die „Datenverarbeitungsumgebung, in der sich zahlreiche Komponenten auf mehrere Computer (oder andere Computing-Geräte bzw. Knoten) in einem Netzwerk verteilen. Diese Geräte teilen die Arbeit auf, indem sie ihre Kapazitäten koordinieren, um Aufgaben effizienter zu erledigen als ein einzelnes Gerät."[29]

Consistency bedeutet vereinfach ausgedrückt: Alle Knoten im System liefern identische Ergebnisse. Jeder Knoten hat zum selben Zeitpunkt die gleiche Sicht auf die Daten, unabhängig davon, welcher darauf zugreift. Availability beschreibt die Fähigkeit jedes Knotens in einem verteilten System, auf Anfragen zu antworten, selbst wenn andere Knoten eine Fehlfunktion haben bzw. ausgefallen sind. Partiton Tolerance bezieht sich darauf, es dem System zu ermöglichen, betriebsfähig zu bleiben, selbst wenn es Kommunikationsfehler zwischen verschiedenen Knoten im System gibt.[30]

---

[28] Vgl. IONOS Digital Guide (2023).
[29] Splunk (2023).
[30] Vgl. IBM (2023).

Die folgende Abbildung verdeutlicht grafisch das CAP-Theorem. Es kategorisiert Kombinationen beim Aufbau eines verteilten Systems in drei verschiedene Gruppen. Diese werden anhand jeweils zwei konkreter Beispiele näher beleuchtet.

1. **CP-System** (Consistency und Partiton Tolerance)
2. **AP-System** (Availability und Partiton Tolerance)
3. **CA-System** (Consistency und Availability)

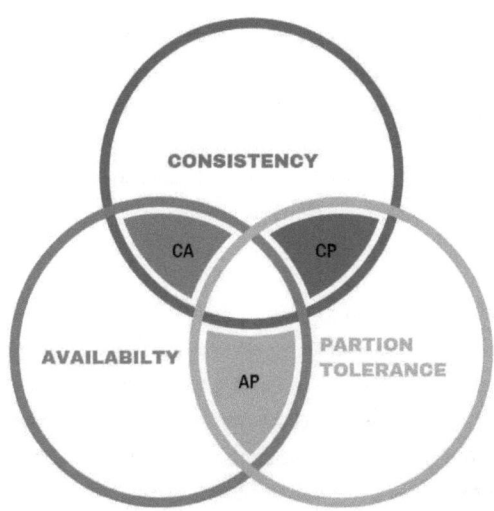

Abbildung 1: Das CAP Theorem

Quelle: Eigene Darstellung

2.3.1 Beispiele AP

Die Streaming-Plattform Netflix ist ein typisches Beispiel für das Zusammenwirken von hoher Verfügbarkeit (A) und Ausfallsicherheit (P). Millionen von Benutzern verlassen sich auf die nahtlose Videowiedergabe, sodass der Service bei Netzwerkstörungen oder Ausfällen von einzelnen Servern trotzdem verfügbar sein muss. Dies wird durch den Fokus auf die genannten Komponenten des verteilten Systems erreicht, das die Daten über unterschiedliche Knoten hinweg speichert und verarbeitet. So gelingt es Netflix bei einem Ausfall eines Knotens, weiterhin verfügbar zu bleiben. Dadurch sind die Daten jedoch nicht vollständig konsistent. Es lassen sich möglicherweise Verzögerungen oder minimale Inkonsistenzen (Ladezeiten) bei der Wiedergabe von Videos feststellen, was in der Regel von den Benutzern toleriert wird.

Als weiteres Beispiel für die Wirkungsweise eines AP-Systems dient die Blockchain-Technologie, Funktionsträger des Bitcoins. Hier werden ebenfalls Verfügbarkeit (A) und Ausfallsicherheit (P) priorisiert. Transaktionen können in einem Blockchain-Netzwerk von mehreren Knoten gleichzeitig validiert und hinzugefügt werden. Dabei verfügt jeder Knoten über eine Kopie der Blockchain. Diese Kopien werden nach jeder (Bitcoin)-Transaktion aktualisiert und repliziert. Dadurch kann es zu kurzen Zeiträumen kommen, in welchen die Knoten unterschiedliche Kopien der Blockchain besitzen, da die Änderungen noch nicht vollständig aktualisiert und repliziert sind. Aus diesem Grund ist das verteilte System der Blockchain nicht dauerhaft konsistent. Dieses System ist dezentralisiert und ist daher nicht anfällig für Störungen, Ausfälle und Angriffe. Insofern einzelne Knoten ausfallen oder Störungen auftreten, können Transaktionen weiter von anderen Knoten verarbeitet und aktualisiert werden.[31]

2.3.2 Beispiele CA

Bei der elektronischen Gesundheitsakte ist die Konsistenz (C) sowie die Verfügbarkeit (A) von großer Bedeutung. Es geht darum, dass die darin enthalten Daten korrekt und einheitlich sind. Wenn z.B. mehrere Ärzte die Akte einsehen, muss sichergestellt werden, dass alle Ärzte die vollständigen Patientendaten erhalten, um die richtige Diagnose zu stellen. Gleichzeitig sind der Zugriff und die Verfügbarkeit (A) wichtig, um zu gewährleisten, dass die medizinische Versorgung der Patienten nicht durch einen Ausfall des Systems eingeschränkt wird, da dies zu schwerwiegenden Konsequenzen führen kann. Da dieses System die Ausfalltoleranz vernachlässigt, ist es wichtig, in regelmäßigen Abständen Backups zu erstellen, um sicher zu stellen, dass keine Daten bei Ausfällen verloren gehen können.

Ein weiteres Beispiel sind die Chatfunktionen in den sozialen Medien. Sie ermöglichen den Benutzern, ständig in Kontakt zu bleiben und Informationen miteinander auszutauschen. Damit diese Funktionen verlässlich arbeiten, müssen sie zunächst konstant verfügbar (A) sein, sodass deren Nutzer miteinander uneingeschränkt kommunizieren können. Gleichzeitig muss das System die Nachrichten korrekt und konsistent (C) an die jeweiligen Benutzer übermitteln, sodass die Konversation unter anderem in der richtigen Reihenfolge angezeigt wird. Jedoch kann es zu Problemen kommen, wenn bspw. ein

---

[31] Vgl. Genin (2021).

Knoten ausfällt oder das Netzwerk überlastet ist. Dies macht sich bspw. bemerkbar, wenn Nachrichten verzögert oder gar nicht durchgestellt werden.

2.3.3 Beispiele CP

Ein konkretes Beispiel für ein CP-System ist das Online-Shopping. Hier liegt der Fokus auf der Konsistenz (C) und der Ausfalltoleranz (P). Diese beiden Komponenten sind entscheidend für die zuverlässige Abwicklung des Einkaufs. Die Konsistenz sorgt dafür, dass Bestellungen und Transaktionen korrekt und in der richtigen Reihenfolge durchgeführt werden. Dadurch werden Fehler und Inkonsistenzen vermieden. Die Ausfalltoleranz spielt ebenfalls eine entscheidende Rolle und stellt sicher, dass bei Netzwerkproblemen oder Überlastungen nicht das komplette System zusammenbricht. In bestimmten Situationen kann es zu kurzfristigen Ausfällen kommen, was die Verfügbarkeit einschränkt. Jedoch können diese Fehler in der Regel schnell behoben werden, um die Funktionalität wiederherzustellen.

Ein weiteres Beispiel für ein CP-System ist ein Flugbuchungssystem. Dies muss ebenfalls hohe Konsistenz (C) aufweisen, damit Bestände von Sitzplätzen und Buchungen korrekt synchronisiert und verarbeitet werden. Parallel dazu muss solch ein System Ausfälle (P) einzelner Knoten zuverlässig tolerieren, um Datenintegrität zu gewährleisten. Solange das System sich schnell wiederherstellen lässt, können Kompromisse bei der Verfügbarkeit in Kauf genommen werden.

3 Lösungsansätze

Nachdem die grundlegenden Aspekte, Herausforderungen und Probleme beschrieben sind, werden in diesem Kapitel mögliche Lösungen für den Umgang mit Big Data näher beleuchtet. Dies soll den Lesenden verdeutlichen, wie die Verarbeitung von Daten effektiv und gewinnbringend ablaufen kann. Hierbei haben sich verschiedene Lösungsansätze herauskristallisiert, die dazu beitragen können, den oben vorgestellten Anforderungen zu entsprechen. Im unternehmerischen Einsatzbereich ist dabei sorgfältiges Abwägen im individuellen Einzelfall von großer Wichtigkeit. Im Folgenden werden fünf mögliche Lösungsansätze für den Einsatz von Big Data vorgestellt.

3.1 Vertikale Skalierung

Big Data bezeichnet Datenmengen, welche die (prozessualen) Möglichkeiten aktueller Geräte bzw. Rechner übersteigen. Folglich werden Datenverarbeitungsgeräte (zu mindestens derzeit noch) in ihrer Kapazität immer größer und leistungsfähiger. Dabei wird das Ziel angestrebt, datengetriebene Prozesse, die früher als Big Data galten und nur auf mehreren Geräten verarbeitet werden konnten, in einem einzigen Endgerät zu integrieren. Für die Verarbeitung großer Datenmengen ist ein schneller Lese- und Schreibzugriff auf den Speicher besonders wichtig. Zudem erfordern komplexe Berechnungen leistungsstarke Prozessoren und ausreichend Hauptspeicher. Daher werden diese Berechnungen häufig von speicherintensiven Prozessen getrennt. Alle Prozessoren verfügen mittlerweile über mehrere Kerne. Dies bedeutet, dass verschiedene Berechnungen parallel innerhalb einer einzigen Maschine durchgeführt werden. Die effektive Nutzung mehrerer Kerne erfordert jedoch, dass Anwendungen so programmiert sind, dass sie Daten parallel auf mehreren Kernen verarbeiten können.[32]

3.2 Horizontale Skalierung

Die effiziente Verarbeitung großer Datenmengen erfordert oft die Verteilung der Arbeit auf mehrere Maschinen, was auch als horizontale Skalierung bezeichnet wird. Im Gegensatz zur vertikalen Skalierung erfordert diese Strategie die Verteilung der Arbeit auf mehreren Geräten. Ziel ist es, die Arbeit sinnvoll zu verteilen und zu koordinieren. Die eigentliche Herausforderung dabei liegt darin, die Arbeit richtig zu verteilen und zu koordinieren, ohne dass die Koordinationsinstanz selbst zum Engpass wird. Es gibt zwei unterschiedliche Methoden. Der Master-Slave-Modus und der Punkt-zu-Punkt-Modus. Im Master-Slave-Prozess gibt es eine übergreifende Koordinationsinstanz, die für die Koordination und Orchestrierung anderer Instanzen zuständig ist. In dem Peer-to-Peer-Prozess sind alle Instanzen unabhängig und koordinieren sich ohne zentrale Steuerung untereinander selbst.[33]

3.3 Grafikprozessoren für die Datenverarbeitung nutzen

Moderne Computer sind nicht nur mit herkömmlichen CPUs, sondern auch mit GPUs ausgestattet. GPUs (Grafikprozessoren) sind ursprünglich für die schnelle und effiziente Darstellung komplexer Grafiken entwickelt. Diese sind auf die parallele Verarbeitung großer Datenmengen spezialisiert, weshalb sie inzwischen auch für andere Aufgaben, insbesondere im Bereich Big Data eingesetzt werden. Tatsächlich werden diese GPUs

---

[32] Vgl. Grasl (2022), S. 18.
[33] Vgl. Grasl (2022), S. 19.

zunehmend für den Umgang mit Big Data entwickelt und stellen einen validierten Lösungsansatz dar.[34]

3.4 Verarbeitung und Speicherung der Daten trennen

Eine effiziente Datenverarbeitung benötigt heutzutage unterschiedliche Ansätze für rechen- und speicherintensive Vorgänge. Während rechenintensive Vorgänge leistungsstarke Hardware voraussetzt, sind bei speicherintensiven Vorgängen schnelle Lese- und Schreibvorgänge mit geringer Latenz notwendig. Es ist sinnvoll, die Datenverarbeitung auf verschiedenen Maschinen zu verteilen, um diesen Anforderungen gerecht zu werden. Große Hyperscaler wie Amazon und Google bieten virtuelle Möglichkeiten für die Speicherung oder Rechenleistung an, die dafür optimiert sind. Diese bieten neben der möglichen Skalierbarkeit auch Kostenvorteile für Unternehmen. So werden die Datenverarbeitungsmaschinen nur bei Bedarf eingeschaltet und unmittelbar nach dem Gebrauch wieder ausgeschaltet. Ein Beispiel hierfür ist das Laden von Daten aus einem Staging-Bereich (temporärer Zwischenspeicher) in ein Data Warehouse. Tagsüber laufen die Daten auf z.B. einem kostengünstigen Objektspeicher und eine separate Maschine wird nur hochgefahren, um die Daten in das Data Warehouse zu laden und bei Bedarf umzuwandeln. Sobald die Daten geladen sind, stoppt die Maschine wieder.[35]

3.5 Daten in einem zweckmäßigen Format speichern

Daten werden zunächst in einer Vielzahl von Formaten erzeugt und gespeichert. Bspw. einfaches ASCII für Text- und Protokolldateien, HTML für Webdateien, verschiedene Bildformate, Binärformate wie Office-Dateien und PDFs sowie XML und JSON für Nachrichten zwischen Systemen. Die Analyse dieser Formate in verschiedenen Anwendungen erfordert ein der Verarbeitungsart entsprechendes Speicherformat. Da häufig nach Einträgen in Protokolldateien mit einer bestimmten Meldung gesucht wird, bietet es sich z.B. an, Protokolleinträge in einer Dokumentendatenbank mit einem geeigneten Indexierungsmechanismus zu speichern. Dadurch müssen die ursprünglichen Protokolldateien nicht wiederholt seriell durchsucht werden.[36]

---

[34] Vgl. Grasl (2022), S. 20.
[35] Vgl. Grasl (2022), S. 20.
[36] Vgl. Grasl (2022), S. 22.

4 Datapipelines und notwendige Technologien

Eine Datapipeline bezeichnet einen Ablauf bzw. Prozess von verschiedenen Verarbeitungsschritten, bei dem bspw. Unternehmensdaten für die analytische Verwendung aufbereitet werden. Bei den kumulierten Mengen an Daten handelt es sich in der Regel um Rohdaten, die ohne eine Aufbereitung wertlos sind. Diese Daten müssen verschoben, sortiert, gefiltert, neu formatiert und analysiert werden. Die Datapipeline beinhaltet Technologien zur Überprüfung, Zusammenfassung sowie Erkennung von Mustern in Daten, die bei Geschäftsentscheidungen unterstützend wirken.[37]

4.1 Datapipelines

Für Unternehmen bieten Datapipelines unterschiedliche Vorteile. Sie bereinigen und verfeinern Rohdaten, um sie für Endbenutzer nützlich zu machen. Datapipelines standardisieren bspw. das Format von Feldern wie Datumsangaben und Telefonnummern und prüfen gleichzeitig, ob orthographische Fehler vorliegen. Redundanzen können beseitigt werden und dadurch eine konsistente Datenqualität im gesamten Unternehmen gewährleisten. Des Weiteren automatisieren Datapipelines Datentransformationsaufgaben, sodass sich Dateningenieure auf die Gewinnung der wertvollsten Geschäftserkenntnisse konzentrieren können. Datapipelines helfen auch dabei, Rohdaten, deren Wert mit der Zeit abnimmt, schneller zu verarbeiten. Sie bringen sozusagen Ordnung in komplexe datengetriebene Prozesse.[38]

In dem vorliegenden Kapitel werden deshalb die wesentlichen Schritte einer Datapipeline beschrieben und anschließend die jeweils dafür notwendigen Technologien bzw. Softwarelösungen aufgezeigt. Zusammengefasst beinhaltet die Datenverarbeitung bei einer Big Data Anwendung die folgenden wesentlichen Schritte.

Abbildung 2: Big Data Pipeline

Quelle: Eigene Darstellung in Anlehnung an Grasl (2022) S. 25

---

[37] Vgl. Amazon Web Services, Inc. (2023).
[38] Vgl. Amazon Web Services, Inc. (2023).

Den grundlegenden Prozess der Steuerung sowie der Verwaltung von Datenflüssen in einem System oder einer Plattform bezeichnet man als Datenorchestrierung. Darin enthalten sind die Organisation, Synchronisierung und Ausführung der Aufgaben im Kontext der Datenverarbeitung, deren Organisationsschritte einer notwendigen Reihenfolge sowie (sinnvoller) zeitlicher Planung unterliegen. Die Datenorchestrierung legt somit die Schritte der Datapipeline fest und ermöglicht die Automatisierung komplexer Workflows. Dabei werden Daten aus unterschiedlichen Quellen extrahiert, transformiert und an das gewünschte Ziel gesendet. Sie sorgt dafür, dass die nachfolgend beschriebenen Schritte der Datapipeline sinnvoll und effizient ablaufen. Dieser Prozess des Orchestrierens wäre gesondert zu betrachten. Aufgrund des vorgegebenen Umfangs dieser Arbeit kann eine diesbezügliche detaillierte Erläuterung jedoch nicht erfolgen.[39]

Datenextraktion

Im ersten Schritt der Datapipeline werden relevante Daten aufgenommen und gespeichert. Diese Daten werden in der Regel vorübergehend in einem Zwischenspeicher abgelegt. Um die Aufnahme der Daten zu vereinfachen stehen sog. Quellsysteme zur Verfügung, die mit entsprechenden Mechanismen ausgestattet sind. Zum Einsatz kommen dafür sog. APIs. Bei diesem Ansatz steht die Bereitstellung von APIs (Application Programming Interfaces) im Vordergrund, um die Automatisierung zu ermöglichen und Systeme miteinander zu verbinden. Falls keine API vorhanden ist, kann bei der Datenextraktion auf Export-Schnittstellen oder direkt auf die Datenbanken zugegriffen werden. Die Extraktion der Daten erfolgt in der Regel im Originalformat. Damit wird sichergestellt, dass potenziell nützliche Daten nicht verloren gehen. Die dafür notwendigen Technologien sind vielfältig, die an das Unternehmen anzupassen sind. Zum Einsatz für die Zwischenspeicherung kommen bspw. bei verteilten Systemen Apache Hadoop oder bei Objektspeichern AWS S3.[40]

Datentransformation

Nach dem Extrahieren werden die Daten transformiert. Das bedeutet, dass die Daten bei diesem Schritt, in das für die spätere Verarbeitung benötige Format umgewandelt werden. Im Rohformat handelt es sich häufig um JSON- oder XML-Dateien sowie, abhängig von der Quelle, auch um Bilder, Videos oder Textdateien. Diese Daten werden nach der Extraktion in eine Datenbank geladen. Es handelt sich dabei im SQL-

---

[39] Vgl. Grasl (2022), S. 25–26.
[40] Vgl. Grasl (2022), S. 27.

Datenbanken oder um NoSQL-Datenbanken. Es gilt diese vorab so vorzubereiten, sodass sie im Zielformat übernommen werden können. Für die Datentransformation gibt es unterschiedliche ETL (Extract, Load, Transform) -Werkzeuge. Diese sind auf die Transformation von Daten spezialisiert. Im Open-Source-Bereich wären hier bspw. "airbyte", "dbt" sowie der kommerzielle Anbieter "Alteryx" zu nennen.[41]

Datenspeicherung

Der Schritt der Datenspeicherung innerhalb der Datapipeline bezieht sich auf die Ablage und Organisation der zuvor gesammelten Daten. Ziel ist es, sie für die nachfolgende Verarbeitung zugänglich zu machen. Dieser Schritt stellt sicher, dass die Daten permanent gespeichert werden, sodass sie anschließend analysiert und genutzt werden können. Die Datenspeicherung erfolgt je nach den vorgegebenen Anforderungen und der Art der Daten in ein dafür geeignetes Speichermedium. Hierbei handelt es sich bspw. um Datenbanken oder Data Warehouse.[42]

Datenauswertung

Nachdem die Daten extrahiert, transformiert und gespeichert sind, erfolgt im nächsten Schritt die Auswertung. „Die Datenauswertung hat das Ziel, aus den vorhandenen (Roh)daten unter Anwendung verschiedener Methoden und statistischer Analyseverfahren Informationen und Erkenntnisse zu gewinnen."[43] Dadurch werden tiefere Einsichten in die Daten möglich, um sie damit für Entscheidungsprozesse oder operative Maßnahmen zu nutzen. Die zum Einsatz kommenden Analysemethoden sind z.B. maschinelles Lernen sowie klassische BI (Business Intelligence). Diese Methoden können große Mengen an Daten effektiv verarbeiten und komplexe Muster bzw. Zusammenhänge erkennen und aufzeigen.[44]

Datenbereitstellung

Bei diesem Schritt werden die Daten für den weiteren Gebrauch und die Nutzung in verschiedenen Systemen und Anwendungen bereitgestellt. Dabei gilt es, die verarbeiteten und analysierten Daten in einem geeigneten Format zur Verfügung zu stellen. Dies

[41] Vgl. Grasl (2022), S. 28.
[42] Vgl. Horn (2023).
[43] Data Pine (2022).
[44] Vgl. Data Pine (2022).

geschieht z.B. indem Berichte, Dashboards oder bestimmte Dateiformate generiert werden. Dieser Schritt ist entscheidend, um sicherzustellen, dass die gewonnenen Erkenntnisse und Informationen aus der Datenauswertung leicht zugänglich sind, um im nächsten Schritt von den Anwendungen genutzt werden zu können. Die Bereitstellung der Daten ist die Grundlage für anknüpfende Analysen, Reporting, Visualisierung oder die Integration in operative Geschäftsprozesse.[45]

Datennutzung

Im letzten Schritt werden die gesammelten Daten sowohl von Menschen als auch Maschinen genutzt, um Erkenntnisse zu gewinnen, Vorhersagen zu treffen, Entscheidungen zu unterstützen sowie Prozesse effizienter zu gestalten. Es lassen sich Trends von Kundenverhalten erkennen sowie die operative Effizienz verbessern. Dadurch können Risiken minimiert und neue Möglichkeiten identifiziert werden.[46]

4.2 Taxonomie von Big Data-Technologien

Die benötigten Technologien von Big Data Lösungen lassen sich in einzelne Schichten unterteilen. Die nachfolgenden Komponenten kennzeichnen den vollständigen Weg der benötigten Technologien für die Verarbeitung von Rohdaten bis hin zu geschäftsrelevanten Ergebnissen.[47] Die einzelnen Komponenten werden im Folgenden zum Verständnis kurz erläutert und mögliche Beispiele für die Umsetzung genannt.

Datenhaltung

Unter Datenhaltung versteht man, wo und wie Daten in der Datapipeline gespeichert werden. Dies kann verschiedene Formen annehmen, bspw. in relationalen Datenbanken, Data Warehouses oder Data Lakes. Die Datenspeicherung ist wichtig, um die gesammelten Daten strukturiert und sicher aufzubewahren. Dadurch werden die nachfolgenden Verarbeitungsschritte vereinfacht.[48]

Beispiele möglicher Technologien:

- Relationale Datenbanken (MySQL, Oracle oder PostgreSQL)
- NoSQL-Datenbanken (MongoDB oder Cassandra)

---

[45] Vgl. Tiedemann (2018).
[46] Vgl. Grasl (2022), S. 43–44.
[47] Vgl. Geißler (2018).
[48] Vgl. Data Driven Company (2021).

- Data Warehouses (Amazon Redshift oder Google BigQuery)
- Data Lakes (Apache Hadoop oder Amazon S3)

Datenzugriff

Datenzugriff beschreibt die Fähigkeit, auf Daten an jedem Ort zuzugreifen, Daten zu ändern, zu kopieren oder zu verschieben. Hier bieten sich verschiedene Methoden an, wie z.B. Abfragesprachen oder APIs. Ein effizienter Datenzugriff ist essenziell, um Berichte, Lieferkettenmanagement, BI sowie Analysen und weitere Funktionen zu ermöglichen.[49]

Beispiele möglicher Technologien:

- SQL (Structured Query Language) bei relationalen Datenbanken
- APIs für den Zugriff auf Datenbanken und andere Dienste
- Datenbanktreiber und -verbindungen, z. B. JDBC (Java Database Connectivity) oder ODBC (Open Database Connectivity)
- Query-Building-Tools wie SQLAlchemy oder Sequelize

Analytische Verarbeitung

Bei der analytischen Verarbeitung handelt es sich um die Umwandlung und Verarbeitung der erfassten Daten. Aus diesen Informationen werden dann Ergebnisse und Erkenntnisse abgeleitet. Dabei kann es sich um Aufgaben handeln wie Sammeln, Verarbeiten, Analysieren oder Erkennen von Daten oder um den Einsatz von Maschinen. Die analytische Verarbeitung erleichtert die anschließende Aufbereitung der Daten für die Visualisierung und die Gewinnung von Erkenntnissen.[50]

Beispiele möglicher Technologien:

- Apache Spark (verteilte Datenverarbeitung und Analysen)
- Apache Hadoop (Big-Data-Verarbeitung)
- Python mit Bibliotheken wie NumPy, Pandas oder Scikit-learn (Data-Science-Tools)
- Apache Flink (Echtzeit-Analysen)
- Tableau, Power BI oder Qlik (Business Intelligence Tools)

---

[49] Vgl. Software AG (2023).
[50] Vgl. BITKOM (2014), S. 57.

Visualisierung

Unter Visualisierung versteht man die klare und verständliche Darstellung verarbeiteter Daten. Dies kann in Form eines Diagramms, einer Grafik, eines Dashboards oder eines Berichts erfolgen. Durch eine gute Datenvisualisierung können Benutzende komplexe Informationen erfassen und Zusammenhänge auf einen Blick erkennen.[51]

Beispiele möglicher Technologien:

- D3.js, Plotly oder Matplotlib (Data Visualization Libraries)
- Grafana oder Kibana (Dashboarding-Tools)
- JasperReports oder Microsoft Excel (Reporting-Tools)

Datenintegration

Datenintegration ist der Prozess der Verbindung unterschiedlicher Datenquellen. Dabei kann es sich um die Kombination von Daten aus unterschiedlichen Systemen oder Formaten handeln oder um eine einheitliche Darstellung der Daten. Eine effektive Datenintegration ist entscheidend, um sicherzustellen, dass die Daten für die nachfolgenden Schritte konsistent und vollständig sind.[52]

Beispiele möglicher Technologien:

- Apache NiFi, Talend oder Informatica (Extract, Transform, Load (ETL) Tools)
- Apache Kafka oder Apache Airflow (Datenintegrationsplattformen)
- APIs und Datenkonverter für den Datenaustausch zwischen verschiedenen Systemen
- Apache Beam oder Apache Oozie (Datapipeline-Orchestrierungstools)

Datensicherheit

Unter Datensicherheit versteht man den Prozess, Daten in der Datapipeline vor unbefugtem Zugriff, Verlust, Diebstahl oder Änderung zu schützen. Dies umfasst Maßnahmen wie Zugriffskontrollen, Verschlüsselung, Anonymisierung und die Überwachung der Datenverarbeitung. Datensicherheit ist essenziell, um die Vertraulichkeit, Integrität sowie die Verfügbarkeit der verarbeiteten Daten langfristig sicherzustellen.[53]

---

[51] Vgl. BITKOM (2014), S. 73–75.
[52] Vgl. BITKOM (2014), S. 89.
[53] Vgl. BITKOM (2014), S. 96–99.

Beispiele möglicher Technologien:

- LDAP Lightweight Directory Access Protocol (Zugriffskontrollmechanismen und Benutzerverwaltungssysteme)
- SSL/TLS Secure Sockets Layer/Transport Layer Security (Verschlüsselungstechnologien)
- Anonymisierungstools und -techniken (Schutz der personenbezogenen Daten)
- SIEM Security Information and Event Management oder Logstash (Überwachungslösungen und Protokollierungssysteme)

5 Fazit

Auf der Basis fachwissenschaftlicher Literatur setzt sich die vorliegende Arbeit mit den Grundlagen von Big Data auseinander und diskutiert die damit verbundenen Herausforderungen und die nicht zu unterschätzenden nicht-funktionalen Anforderungen. Es wird deutlich, dass große Datenmengen die Möglichkeiten herkömmlicher Ansätze und Technologien zur Datenspeicherung, -verarbeitung und -analyse übersteigen. Dies erfordert den Einsatz spezieller Technologien und Strukturen für Unternehmen, um auch zukünftig wettbewerbsfähig zu sein.

Beim Umgang mit Big Data stehen Unternehmen vor der schwierigen Aufgabe, die Datenmengen effizient zu verarbeiten und daraus aussagekräftige Informationen zu gewinnen. Darüber hinaus müssen nichtfunktionale Anforderungen wie Skalierbarkeit, Verfügbarkeit und Leistung berücksichtigt werden, um eine belastbare Big-Data-Architektur zu gewährleisten.

Als weiterer wichtiger Aspekt wird das CAP-Theorem in dieser Arbeit dargestellt. Es besagt, dass es unmöglich ist, in einem verteilten System gleichzeitig Konsistenz, Verfügbarkeit und Ausfalltoleranz zu gewährleisten. Es werden Beispiele für die jeweiligen Systeme aufgezeigt, die das Theorem verdeutlichen.

Als mögliche Lösungsansätze werden fünf verschiedene Methoden zum Umgang mit Big Data erläutert. Dazu gehört bspw. die Nutzung von Grafikprozessoren für die Datenverarbeitung sowie die vertikale und horizontale Skalierung.

Auch die wesentlichen Schritte einer Datapipeline werden dargelegt. Zusätzlich wird die generelle Taxonomie der Big Data-Technologie verdeutlicht, zudem werden abschließend konkrete Softwaretechnologien benannt.

Zusammenfassend lässt sich festhalten, dass der Umgang mit Big Data bei Unternehmen mit einer Reihe von Schwierigkeiten verbunden ist. Der Einsatz spezifischer Technologien ist hier notwendig sowie das Wissen um neue Architekturen und Ansätze bei der Datenverarbeitung, um das Potenzial von Big Data voll zu entfalten. Gelingt es Unternehmen, sich Herausforderungen zu stellen und notwendige Schritte umzusetzen, so ergeben sich langfristig erhebliche Vorteile. Big Data umfasst eben nicht nur Daten selbst, sondern auch die Technologien und Werkzeuge, die verwendet werden, um zu erfassen, zu speichern, zu verarbeiten und zu analysieren. Fundierte Entscheidungen auf der Grundlage neuer Erkenntnisse bieten dann auch neue unternehmerische Perspektiven.

6 Ausblick

Die zunehmende Komplexität von Big Data und die dafür benötigten Technologien werden in Zukunft sowohl Chancen als auch Probleme mit sich bringen. Es ist zu vermuten, dass der künstlichen Intelligenz eine immer wichtiger werdende Rolle zukommt. Skalierbarkeit, Sicherheit und Datenschutz werden immer im Fokus der Unternehmen bleiben, um Big Data sinnvoll in Prozesse zu etablieren.

Zusätzlich wird die Integration von Big Data in bereits bestehende Systeme und Verfahren eine bedeutsame Aufgabe sein. Die Verbindung von Big Data mit bestehenden Bereichen sowie mit dem Internet der Dinge (IoT) oder der Industrie 4.0 ist eng verknüpft. Dies schafft Synergien und erfordert einen ganzheitlichen Ansatz, der auf einer fundierten Strategie beruhen muss.

Auch das Wachstum und die Relevanz von Big Data sorgt zunehmend für Veränderungen. Die effektive Nutzung von Big Data wird vermutlich erhebliche Auswirkungen auf viele Bereiche unseres Lebens haben:

Eine verbesserte Entscheidungsfindung, Fortschritte im Gesundheitswesen, Smart Cities, Kunden und personalisierte Dienstleistungen, Datenschutz und ethische Herausforderungen, Wissenschaft und schonender Umgang bei der Gewinnung und beim Einsatz von Ressourcen.

Dies sind nur einige Beispiele der Auswirkungen, wie Big Data die Zukunft beeinflussen kann. Es bleibt spannend, wie sich Technologien und Anwendungen im Zusammenhang mit Big Data weiterentwickeln und welchen Einfluss sie letztlich haben werden.

Literaturverzeichnis

Amazon Web Services, Inc. (2023), Was ist Data Pipeline? Data Pipeline erklärt – AWS, in: https://aws.amazon.com/de/what-is/data-pipeline/, abgerufen am 18. 5. 2023.

BITKOM (2012), Big Data im Praxiseinsatz – Szenarien, Beispiele, Effekte.

BITKOM (2014), Big Data Technologien: Wissen für Entscheider.

Curry, E./Auer, S./Berre, A. J./Metzger, A./Perez, M. S./Zillner, S. (2022), Technologies and Applications for Big Data Value, Cham.

Data Driven Company (2021), Data Warehouse (DWH): Definition, Architektur und Beispiele | Data Driven Company, in: https://datadrivencompany.de/data-warehouse-definition-architektur/, abgerufen am 21. 5. 2023.

Data Management (2023), The 5 V's of Big Data, in: https://www.techtarget.com/search-datamanagement/definition/5-Vs-of-big-data, abgerufen am 9. 5. 2023.

Data Pine (2022), Datenanalyse - Moderne Datenauswertung verständlich erklärt, in: https://www.datapine.com/de/artikel/datenanalyse-verfahren-methoden, abgerufen am 18. 5. 2023.

Fasel, D./Meier, A. (Hrsg.) (2016), Big data. Grundlagen, Systeme und Nutzungspotenziale, Wiesbaden.

Geißler, Otto (2018): Die wichtigsten Big-Data-Technologien. In: *BigData-Insider*, 22.10.2018. Online verfügbar unter https://www.bigdata-insider.de/die-wichtigsten-big-data-technologien-a-767470/, zuletzt geprüft am 19.05.2023. *Genin, V.* (2021), CAP Theorem and blockchain - Victor Genin - Medium, Medium.

Grasl, O. (2022), Big Data & Analytics. Titel Nr. 1832-01, Riedlingen.

Gundín, S. (2023), The 5 Vs of big data - AuraQuantic, in: https://www.auraquantic.com/five-vs-big-data/, abgerufen am 5. 5. 2023.

Gutta, S. (2020), The 5 V's of Big Data. Volume, Velocity, Variety, Veracity... | by Surya Gutta | Analytics Vidhya, Analytics Vidhya.

Hecker, D./Koch, D. J./Heydecke, J./Werkmeister, C. (2016), Big-Data-Geschäftsmodelle — die drei Seiten der Medaille, Wirtschaftsinformatik & Management, 8. Jg., Nr. 6, S. 20–30.

Hennig-Thurau, T. (2013), „Big Data stellt nur im Zusammenspiel mit Kundenorientierung einen Wert dar!", absatzwirtschaft.

Holland, H. (2021), Digitales Dialogmarketing. Grundlagen, Strategien, Instrumente, 2. Aufl., Wiesbaden.

Horn, J. (2023), Data Pipeline für effiziente und vielseitige Datenverarbeitung, Helm & Nagel GmbH.

IBM (2023), Was ist der CAP-Lehrsatz? | IBM, in: https://www.ibm.com/de-de/topics/cap-theorem, abgerufen am 10. 5. 2023.

IONOS Digital Guide (2023), CAP-Theorem: Konsistenz, Verfügbarkeit und Ausfalltoleranz, in: https://www.ionos.de/digitalguide/server/knowhow/was-ist-das-cap-theorem/, abgerufen am 10. 5. 2023.

Klessascheck, M. (2023), Funktionale und nicht-funktionale Anforderungen ~ Beispiele.

Lix, B./Stüben, J. (2013), Big Data - Bedeutung Nutzen Mehrwert.

Rahm, E./Saake, G./Sattler, K.-U. (2015), Verteiltes und paralleles Datenmanagement. Von verteilten Datenbanken zu Big Data und Cloud, Berlin, Heidelberg.

Software AG (2023), Datenzugriff Lösungen & Tools | CONNX, in: https://www.softwareag.com/de_de/resources/what-is/data-access.html, abgerufen am 21. 5. 2023.

Splunk (2023), Was sind verteilte Systeme? | Splunk, in: https://www.splunk.com/de_de/data-insider/what-are-distributed-systems.html, abgerufen am 10. 5. 2023.

Statista (2023), Daten - Volumen der weltweit generierten Daten 2025 | Statista, in: https://de.statista.com/statistik/daten/studie/267974/umfrage/prognose-zum-weltweit-generierten-datenvolumen/, abgerufen am 3. 5. 2023.

Tiedemann, M. (2018), Data Pipelines für verlässliche und schnelle Datenbereitstellung, Alexander Thamm GmbH.